FLIEGEN

Für meine liebe Freundin Lucy, die in einer anderen Zeitebene eine unvergleichlich abenteuerlustige Fliegerin ist. – M. R.

Für Ju, die Co-Pilotin meines Herzens. – D. B.

Titel der Originalausgabe: *Aviation*
Zuerst 2024 erschienen bei BIG PICTURE PRESS, einem Imprint von Bonnier Books UK, 4th Floor, Victoria House, Bloomsbury Square, London, WC1B 4DA; Owned by Bonnier Books, Sveavägen 56, Stockholm, Sweden, www.bonnierbooks.co.uk

Deutsche Erstausgabe

Projektleitung: Melanie Schöni, Knesebeck Verlag
Übersetzung: Beatrice le Coutre-Bick, Osnabrück
Lektorat: Beate Martin für booklab GmbH, München
Umschlagadaption: Leonore Höfer, Knesebeck Verlag
Satz: Ewald Tange, München

Printed in China

ISBN 978-3-95728-816-5

www.knesebeck-verlag.de

FSC www.fsc.org MIX Papier | Fördert gute Waldnutzung FSC® C104723

Matt Ralphs

Dieter Braun

FLIEGEN

Alles über Flugzeuge, Heißluftballons, Hubschrauber & Co.

Aus dem Englischen von
Beatrice le Coutre-Bick

KNESEBECK

INHALT

EINLEITUNG

Schon vor Tausenden von Jahren träumten die Menschen davon, fliegen zu können. Man kann sich vorstellen, wie bereits unsere Vorfahren, die noch in Höhlen lebten, zu den Vögeln im Himmel schauten und sich dachten: „Was für ein Gefühl muss es sein, in der Luft zu schweben? Und wie sieht die Welt wohl von dort oben aus?“ Auch du hast vielleicht schon einmal davon geträumt, hoch hinauf und dann weiter Richtung Sonne zu fliegen! Und, während du den Wind auf deinen Flügeln spürst, über den Horizont hinaus die unbekannte Welt dahinter zu entdecken.

Die ersten Luftfahrzeuge, mit denen Menschen relativ sicher eine längere Strecke fliegen konnten, waren Heißluftballons. Als sich der erste 1793 in Frankreich in die Lüfte erhob, war das für die staunenden Zuschauerinnen und Zuschauer eine Sensation. Plötzlich war es möglich, den Himmel zu erobern. Überall begannen die Menschen, sich für das Fliegen zu begeistern. Und immer neue Ballonmodelle wurden entwickelt. Bald schon setzte sie auch das Militär ein. Von hoch oben konnten die Soldaten den Feind schon in weiter Ferne erspähen. Doch weil ein Ballon nur vom Wind bewegt wird, lässt er sich nicht in jede beliebige Richtung steuern.

Das änderte sich erst 1903, als das erste von einem Motor angetriebene Flugzeug mit dem Namen *Flyer* vom Boden abhob. Der Flug dauerte nur zwölf Sekunden, sollte aber die Welt verändern. Seit jenem Tag hat sich die Fliegerei immer weiterentwickelt und tut es noch, was sehr viel Know-how, Arbeit und Geld erfordert. Doch dieser Aufwand lohnt sich, denn Flugzeuge sind äußerst nützlich. Mit ihnen kann man Menschen und Güter schneller als mit jedem anderen Verkehrsmittel transportieren. Auch bei der Landesverteidigung spielen sie eine große Rolle. Sie sind unersetzlich, um unsere Welt zu erkunden und zu vermessen. Bei Flugshows beeindrucken sie uns mit ihrer Geschwindigkeit und akrobatischen Manövern. Und sie retten Menschen aus Notlagen oder löschen Waldbrände.

Setz nun deine Fliegerbrille auf und mach dich startklar für eine atemberaubende Reise durch die Welt der Fliegerei!

DIE ANFÄNGE DER LUFTFAHRT

Es gib sehr viel ältere Fluggeräte als die Flugzeuge und Hubschrauber, die wir heute am Himmel sehen. Schon vor zwei Jahrtausenden haben die Menschen Apparate gebaut, um die Schwerkraft zu überwinden. Die ersten dieser Fluggeräte hatten keine Motoren oder beweglichen Teile. Einzig die Kraft des Windes oder der Auftrieb heißer Luft, die leichter ist als kühle, ließ sie fliegen.

Die ersten Drachen wurden vor rund 2500 Jahren in China gebaut. Man stellte aus Bambusstäben Rahmen her und bespannte diese mit Seide. Zunächst dienten die Drachen dazu, Entfernungen abzumessen und Signale zu geben – so, wie man sich von Schiff zu Schiff mit Signalfahnen verständigt. Bei Festen und an Feiertagen ließ man Drachen in die Luft steigen, die wie Vögel oder Fabelwesen gestaltet waren.

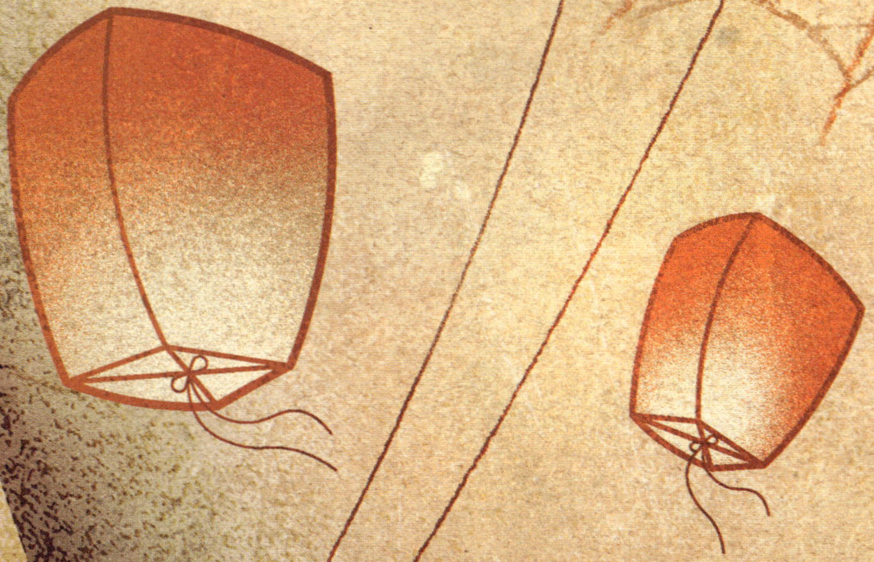

Im alten China fertigte man zudem kleine Heißluftballons, die noch heute als sogenannte Himmelslaternen dienen. Doch der erste Ballon, der Menschen in die Lüfte emportrug, wurde erst 1783 in Frankreich von den Gebrüdern Montgolfier gebaut. Eine der nach ihnen benannten Montgolfieren, deren Hülle mit dem Rauch brennender Strohballen befüllt wurde, stieg mit zwei wagemutigen Passagieren rund 900 Meter hoch auf, flog neun Kilometer weit über Paris und landete dann sicher auf einem Feld.

Der italienische **Universalgelehrte** Leonardo da Vinci entwarf im 15. Jahrhundert als Erster einen Flugapparat, der es Menschen möglich machen sollte, wie ein Vogel zu fliegen. Doch der „Ornithopter“ mit zwei beweglichen Flügeln wurde niemals gebaut. Und selbst wenn, hätte er nicht funktioniert.

Die ersten Flüge mit Apparaten, die „schwerer als Luft“ waren, gelangen mit sogenannten Gleitflugzeugen. Im 19. Jahrhundert wurden viele dieser Gleiter nach den Überlegungen gebaut, die der englische Ingenieur George Cayley angestellt hatte. Zahlreiche Piloten riskierten ihr Leben, um wie ein Vogel durch die Lüfte zu schweben. Einer der erfolgreichsten war der Deutsche Otto Lilienthal, dem Hunderte von Flügen glückten, bevor er im Jahr 1896 die Kontrolle über seinen Gleiter verlor und abstürzte.

– Berühmte Flugzeuge –

DER WRIGHT FLYER

Am 17. Dezember 1903 veränderten die Amerikaner Wilbur und Orville Wright die Welt. Seit Jahren schon hatten die technikbegeisterten Brüder davon geträumt, eine Maschine zu bauen, die weiter und zuverlässiger fliegen konnte als ein Gleiter und die, anders als ein Ballon, nicht gezwungen war, der Windrichtung zu folgen. Kurzum: Sie arbeiteten am ersten Flugzeug, das von einem Piloten gesteuert werden konnte. Nach Jahren der Planung und vielen Experimenten wurde ihr Traum an den Stränden der Outer Banks im US-amerikanischen North Carolina Wirklichkeit.

Auf dem Bauch liegend, umfasste Orville Wright das Steuerruder. Zu beiden Seiten wirbelte ein Propeller. Über Fahrradketten wurden sie von einem Benzinmotor angetrieben, den der Mechaniker Charlie Taylor, ein Freund der Brüder, gebaut hatte. Der Motor hatte keinen **Schubhebel**, er konnte nur an- oder abgestellt werden. Wilbur

rannte neben dem *Flyer* her, als dieser auf Startschienen beschleunigte, abhob und zwölf Sekunden dicht über dem Boden dahinflog. Drei weitere Flüge gelangen noch am selben Tag. Der längste dauerte 59 Sekunden und reichte 260 Meter weit. Doch bei der Landung wurde der *Flyer* beschädigt und startete nie wieder.

Aber dies war erst der Anfang. Die Nachricht über den Erfolg der Brüder Wright verbreitete sich rasch, und schon bald bauten andere Erfinder leistungsfähigere Flugzeuge. Nur 21 Jahre später gelang es Piloten mit vier Wasserflugzeugen des Typs *Douglas World Cruiser*, in Etappen die Welt zu umrunden. Und bereits in den 1940er-Jahren donnerten die ersten Düsenjets über den Himmel. Heute nutzen wir Flugzeuge, um uns zu verteidigen, Passagiere und Fracht zu transportieren oder Menschen das Leben zu retten. All das wurde durch die Pionierleistung der Brüder Wright ermöglicht.

AUS HOLZ, SEGELTUCH UND DRAHT

Als 1914 der Erste Weltkrieg ausbrach, gab es Flugzeuge erst seit elf Jahren, und sie waren bis dahin kaum bei Gefechten eingesetzt worden. Doch die Kriegsparteien entdeckten bald, wie nützlich die fliegenden Maschinen waren. Und die Technik im Flugzeugbau entwickelte sich rasch, da jeder dem anderen in der Luft überlegen sein wollte.

Flugzeuge dienten zunächst nur zum Auskundschaften. Hoch über dem Schlachtfeld fotografierten sogenannte **Aufklärer** die Stellungen des Feindes. So halfen sie den eigenen Soldaten, ihre Ziele genauer zu treffen. Die französische *Nieuport 12*, ein Doppeldecker, hatte einen Piloten und einen Beobachter an Bord sowie ein nach hinten feuerndes Maschinengewehr, um Angreifer abzuwehren.

Zu Kriegsbeginn waren die meisten Maschinen noch unbewaffnet. Die Piloten schossen nur mit Pistolen und Gewehren auf feindliche Flugzeuge. Später wurden nach hinten gerichtete Maschinengewehre eingebaut. Aber ein echtes Jagdflugzeug muss auch nach vorne feuern können. Das gelang erstmals 1915 dem deutschen Eindecker *Fokker E.III*, bei dem der Pilot mit dem Maschinengewehr durch den sich drehenden Propeller schießen konnte.

Im weiteren Verlauf des Krieges wurden Flugzeuge entwickelt, die immer wendiger wurden, schneller an Höhe gewannen und mehr Schaden anrichten konnten. Damit erhöhten sich ihre Einsatzmöglichkeiten. So diente der britische Doppeldecker *Sopwith Camel* nicht nur als Jagdflugzeug, sondern griff mit Bomben und Maschinengewehren auch Ziele am Boden an.

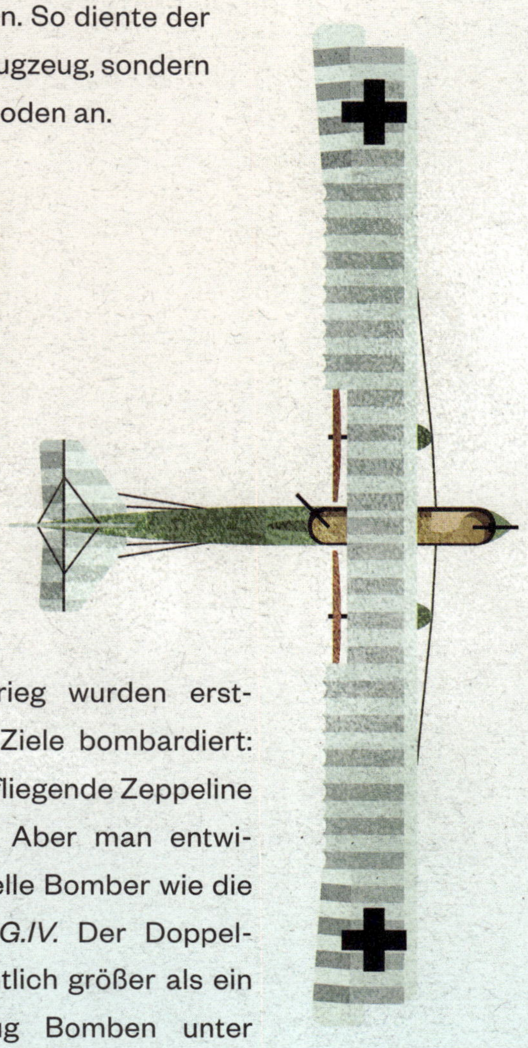

Im Ersten Weltkrieg wurden erstmals auch **zivile** Ziele bombardiert: meist durch hoch fliegende Zeppeline (siehe Seite 21). Aber man entwickelte auch spezielle Bomber wie die deutsche *Gotha G.IV.* Der Doppeldecker war wesentlich größer als ein Jagdflugzeug, trug Bomben unter seinem **Rumpf** und konnte sich mit Maschinengewehren verteidigen.

Die Piloten brauchten bei ihren Luftduellen starke Nerven und großes Können. Doch viele waren nicht gut ausgebildet und starben früh. Wer bei Einsätzen mehr als fünf feindliche Maschinen abgeschossen hatte, galt als „Fliegerass". Zu ihnen zählte etwa der Deutsche Manfred von Richthofen, bekannt als „Roter Baron". Er flog den links abgebildeten Dreidecker, eine *Fokker Dr.I.*

WIE FLUGZEUGE FLIEGEN

Damit ein Flugzeug fliegt, müssen vier Kräfte im richtigen Verhältnis zusammenwirken: Auftrieb, Gewicht, Schub und Luftwiderstand. Dieses Prinzip galt beim ersten Motorflug der Brüder Wright genauso wie heute, wenn das scheinbar Unmögliche geschieht und ein modernes, 560 Tonnen schweres Verkehrsflugzeug wie der *Airbus A380* vom Boden abhebt. Auch an der Steuerung eines Flugzeugs hat sich bis heute nichts Grundlegendes geändert.

Betätigt die Pilotin oder der Pilot (meist mit den Füßen) das **Seitenruder**, „giert" das Flugzeug, das heißt, es ändert auf der waagerechten Ebene seine Richtung. Tritt man das rechte Pedal, bewegen sich das Seitenruder und das Flugzeug nach rechts; tritt man das linke Pedal, bewegen sich das Seitenruder und das Flugzeug nach links.

Das **Höhenruder** steuert die Neigung des Flugzeugs um seine Längsachse. Wird der Steuerknüppel nach vorn gedrückt, bewegen sich das Höhenruder und die Nase des Flugzeugs nach unten; wird der Steuerknüppel nach hinten gezogen, bewegen sich das Höhenruder und die Nase des Flugzeugs nach oben.

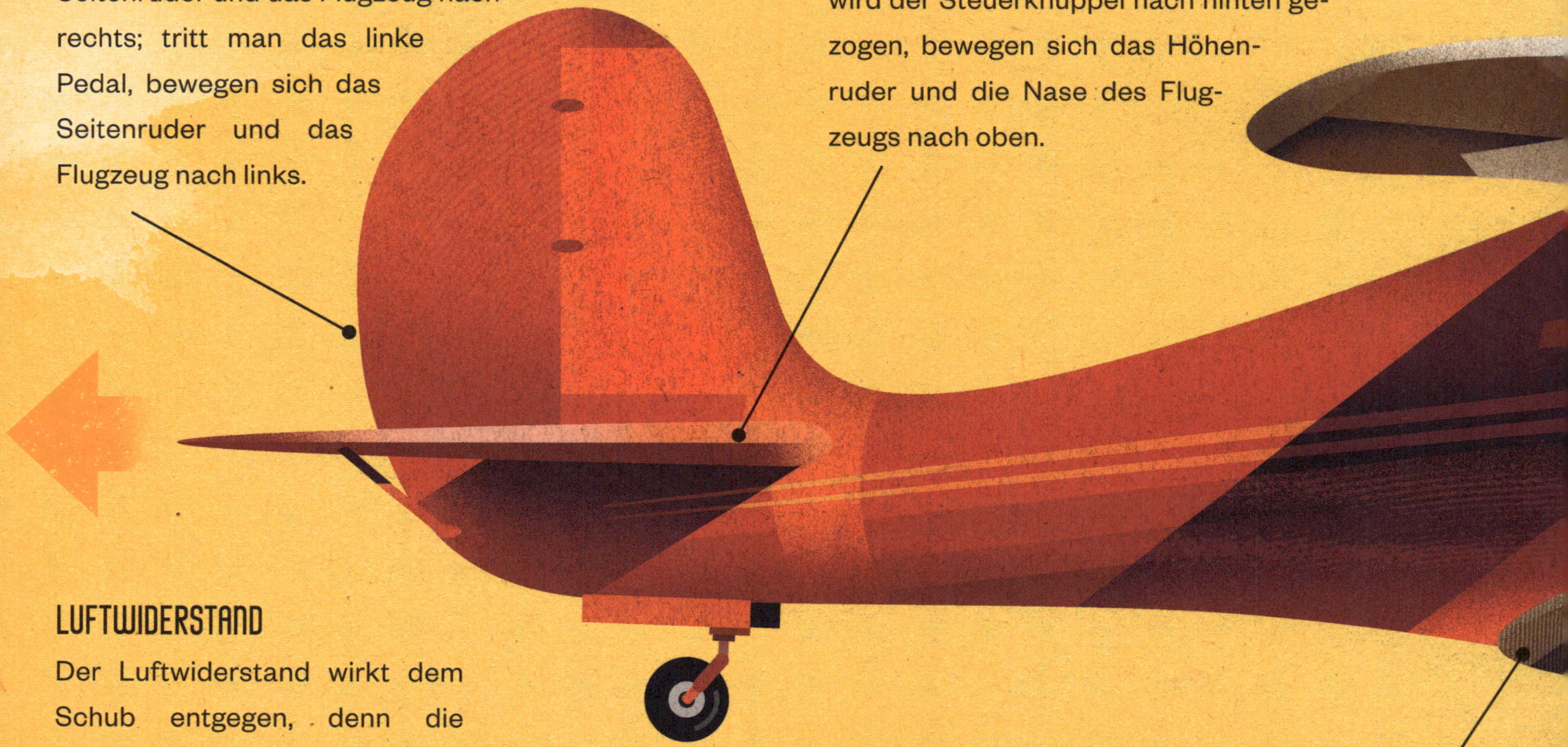

LUFTWIDERSTAND

Der Luftwiderstand wirkt dem Schub entgegen, denn die Reibungskraft der Luft wirkt auf das Flugzeug ein und macht es langsamer. Flugzeuge sind daher **aerodynamisch** geformt, um der Luft möglichst wenig Fläche entgegenzusetzen. Nur wenn der Schub gleich groß ist wie der Luftwiderstand oder größer, kann ein Flugzeug fliegen.

Die **Querruder** lassen das Flugzeug um die Längsachse „rollen". Wird der Steuerknüppel nach links gedrückt, senkt sich die linke Tragfläche; wird der Steuerknüppel nach rechts gedrückt, senkt sich die rechte Tragfläche. Drückt man den Steuerknüppel lange genug, macht das Flugzeug eine komplette 360°-Rolle.

AUFTRIEB

Um die Schwerkraft der Erde zu überwinden und fliegen zu können, braucht ein Flugzeug genügend Auftrieb. Zur Erzeugung des Auftriebs haben die Tragflächen (beim unten abgebildeten Doppeldecker sind es zwei übereinander) eine spezielle Form: An der Oberseite sind sie gewölbt, wodurch sie dort eine größere Oberfläche haben, während sie an der Unterseite flacher geformt sind. Die Luft strömt so oben schneller über die Tragfläche, was einen Sog nach oben erzeugt – den Auftrieb.

SCHUB

Der durch einen Propeller oder ein Triebwerk erzeugte Schub ist die Kraft, die ein Flugzeug antreibt. Es fliegt, wenn der Schub gleich groß wie der Luftwiderstand ist oder größer als er. Ist der Luftwiderstand größer als der Schub, wird das Flugzeug langsamer. Ist der Schub größer als der Luftwiderstand, beschleunigt das Flugzeug.

GEWICHT

Das Gewicht wirkt dem Auftrieb entgegen. Es bestimmt, wie stark das Flugzeug durch die Schwerkraft nach unten gezogen wird. Nur wenn der Auftrieb durch die Tragflächen groß genug ist, überwindet das Flugzeug die Schwerkraft und fliegt.

GOLDENES ZEITALTER DER FLIEGEREI

In den 1920er- und 1930er-Jahren stieg die weltweite Begeisterung für die Fliegerei rasant. Viele Piloten und auch Pilotinnen verdienten sich ihren Lebensunterhalt, indem sie mit ihren Flugzeugen vor Publikum waghalsige Stunts (Kunststücke) und Flugmanöver zeigten. Und sie wagten sich auch sonst in neue Grenzbereiche vor, denn die Technik machte große Fortschritte. Die Maschinen wurden schneller, wendiger und konnten längere Distanzen fliegen.

Im Ersten Weltkrieg erhielt Charles Kingsford Smith als Pilot einen Tapferkeitsorden. Danach machte der Australier mit Langstreckenflügen von sich reden. Er und seine Crew überflogen 1928 als Erste den Pazifik von den USA nach Australien. Smith war auch der Erste, der ohne Zwischenlandung Australien überquerte und von Australien nach Neuseeland flog. Seit seinem Versuch, 1939 den Geschwindigkeitsrekord beim Flug von Australien nach England zu brechen, gilt er als verschollen.

Bessie Coleman wollte unbedingt fliegen, durfte in den USA jedoch wegen ihrer Hautfarbe den Pilotenschein nicht machen. Unbeirrt ging sie nach Frankreich, erfüllte sich dort ihren Traum und kehrte in die USA zurück. In den fünf Folgejahren begeisterte Queen Bess, wie man sie nun nannte, ihre Zuschauer mit tollkühnen Flugvorführungen. Zudem kämpfte sie leidenschaftlich gegen rassistische Benachteiligung. Im Alter von nur 34 Jahren starb sie 1926 bei einem Absturz.

Die schon als Kind abenteuerlustige Amelia Earhart wurde eine der berühmtesten Fliegerinnen der USA. Als eine der 99 Gründerinnen des Pilotinnen-Clubs Ninety-Nines, den es auch heute noch gibt, überquerte Earhart im Jahr 1932 als erste Frau den Atlantik im Alleinflug, und das in Rekordzeit. Nach weiteren fliegerischen Heldentaten brachen Earhart und ihr Navigator Fred Noonan 1937 zu einem 47 000 Kilometer langen Flug auf, der in Etappen um die ganze Welt führen sollte. Doch irgendwo über dem Pazifik verschwand das Flugzeug spurlos.

Zu ihrer Karriere als Flugpionierin wurde die Neuseeländerin Jean Batten von ihrer Mutter und Charles Kingsford Smith (siehe Seite 16) ermutigt. Nachdem sie im Jahr 1930 ihre Fluglizenz erworben hatte, errang Batten durch viele Rekorde internationalen Ruhm: Als erste Frau flog sie allein von England nach Argentinien und stellte eine neue Rekordzeit für den Flug von England nach Neuseeland auf. Zudem war sie die erste Pilotin, die allein von England nach Australien und von dort wieder zurück flog.

– Berühmte Flugzeuge –

DIE *SPIRIT OF ST. LOUIS*

Am 20. Mai 1927 stieg der 25-jährige US-amerikanische Postflieger Charles Lindbergh auf einem Flugplatz östlich von New York in seinen silberfarbenen Eindecker mit dem Namen *Spirit of St. Louis* und startete den Motor. Direkt vor ihm lag die regennasse Startbahn, dahinter der graue und endlose Atlantik. Ihn wollte Lindbergh als Erster im Alleinflug überqueren und sich damit in der Geschichte der Fliegerei verewigen. Viele vor ihm waren an dieser Herausforderung gescheitert und hatten den Tod gefunden. Doch Lindbergh war ein erfahrener und mutiger Pilot. Entschlossen gab er Gas und hob mit seiner vollgetankten Maschine ab.

Die *Spirit of St. Louis* war eine umgebaute Version des Postflugzeugs *Ryan M-1*. Wo sonst Passagiere und **Fracht** transportiert wurden, befanden sich Treibstofftanks, selbst direkt vor dem **Cockpit**. Wollte Lindbergh in Flugrichtung blicken, musste er wegen der fehlenden Frontscheibe den Kurs verlassen und durchs Seiten-

fenster spähen. Alles, was der Pilot für überflüssig hielt und das Flugzeug leichter machte, war entfernt worden: auch das Funkgerät und der Fallschirm. Der luftgekühlte Sternmotor vom Typ Wright J-5C leistete 223 PS und hatte selbstschmierende Bauteile, sodass er 9000 Flugstunden (das heißt mehr als ein Jahr) ohne Wartung auskommen sollte. All diese und noch viele weitere Umbauten waren in nur 60 Tagen vorgenommen worden.

In seinem winzigen Cockpit hockte Lindbergh auf einem Korbstuhl, der absichtlich unbequem war, damit er nicht darauf einschlief. Dort musste er 33 Stunden und 30 Minuten über dem stets grauen Meer aushalten und viele Gefahren meistern: Auf den Tragflächen bildete sich Eis, Nebel versperrte ihm die Sicht, und er musste schwere Stürme umfliegen, um nicht abzustürzen. Schließlich landete er am 21. Mai nach 5800 Kilometern Flug sicher auf dem französischen Flughafen Le Bourget. Dort erwartete ihn eine jubelnde Menge, die ihn und seine unglaubliche Atlantiküberquerung begeistert feierte.

LUFTSCHIFFE

Die mit Gas gefüllten Giganten waren die ersten Luftfahrzeuge, mit denen zu Beginn des 20. Jahrhunderts wohlhabende Passagiere über viele Tausend Kilometer befördert wurden. Solche Reisen waren zuvor nur mit dem Zug oder Schiff möglich gewesen. Da Luftschiffe schneller waren und ihr Ziel ohne Umwege ansteuern konnten, überwanden sie auch lange Strecken in nur wenigen Tagen. Hoch über Meeren und Kontinenten genossen die Passagiere köstliche Speisen und Getränke, entspannten sich in luxuriösen Salons und schliefen in ihren privaten Kabinen.

Zeppeline sind nach ihrem deutschen Erfinder Ferdinand Graf von Zeppelin benannt. Die Luftschiffe mit einem starren Skelett aus Metall dienten im Ersten Weltkrieg für Bombenabwürfe, in den 1920er- und 1930er-Jahren transportierten sie Passagiere. Die Außenhülle bestand aus wasserdichtem Baumwollstoff. Darunter befanden sich Gaszellen, gefüllt mit Wasserstoff, der leichter als Luft ist. Fünf Propeller sorgten für eine Höchstgeschwindigkeit von 128 km/h. Die **Reichweite** betrug etwa 10 000 Kilometer. Um an Höhe zu gewinnen, wurde Wasser aus **Ballasttanks** abgelassen. Die Passagiere und die Besatzung hielten sich in der 30 Meter langen Gondel unter dem Schiffsrumpf auf. Da sie unbeheizt war, trugen die Passagiere meist Mäntel, Handschuhe und Schals.

Zeppeline erlebten ihre Hochzeit im ersten Drittel des 20. Jahrhunderts. Sie waren schnell, majestätisch und beeindruckend. Doch ihre Beliebtheit fand am 6. Mai 1937 ein dramatisches Ende. Wegen des stürmischen Wetters hatte der Zeppelin *LZ 129 „Hindenburg“* mehrere Stunden Verspätung, als er sich am Abend dem Landeplatz im US-Bundesstaat New Jersey näherte. Nachdem die Leinen zum Festmachen heruntergelassen worden waren, fing die *Hindenburg* um 19.25 Uhr Feuer. Innerhalb von Sekunden stand das mit 198 000 Kubikmetern **hochentzündlichem** Wasserstoff gefüllte Luftschiff in Flammen. Die Katastrophe, bei der 38 Menschen starben, wurde gefilmt und erschütterte die ganze Welt.

LUFTKRIEG

Die Technik im Flugzeugbau hatte erhebliche Fortschritte gemacht, als 1939 der Zweite Weltkrieg ausbrach. Es gab viele Typen von Kampfflugzeugen, die jeweils spezielle Zwecke erfüllten. Im Ersten Weltkrieg hatten die meisten Kämpfe noch am Boden stattgefunden. Doch für den Verlauf des Zweiten Weltkriegs spielten Flugzeuge eine immer bedeutendere Rolle.

Die erfolgreichsten Jagdflugzeuge waren schnelle, wendige und mit Maschinengewehren ausgerüstete Einsitzer. Sie sollten nicht nur den eigenen Luftraum verteidigen, sondern über feindlichem Gebiet auch die eigenen Bomber schützen, die langsam und verwundbar waren. Die japanische *Mitsubishi A6M Zero* konnte von Flugzeugträgern aus starten und war bis zu 533 km/h schnell.

Beide Seiten setzten Bomber gegen militärische Anlagen wie Waffenfabriken und Flugplätze, aber auch gegen zivile Ziele wie Städte ein. Die meist viermotorigen Flugzeuge – hier abgebildet die britische *Avro Lancaster* – hatten Maschinengewehrtürme, um sich gegen Jagdflugzeuge zu verteidigen. Oft griffen sie nachts in dichter Formation (Anordnung) und aus großer Höhe an.

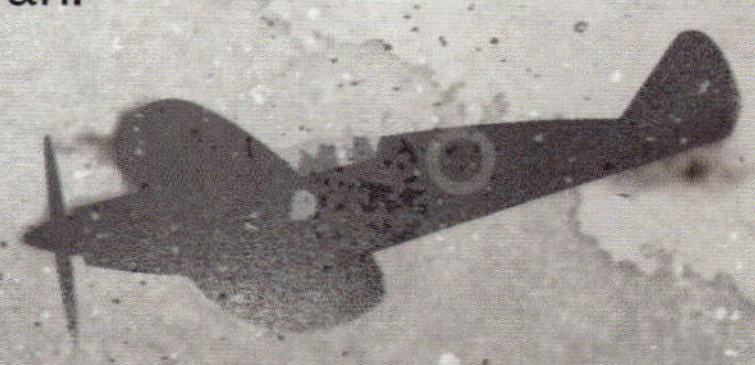

Nicht alle Bomber waren langsame viermotorige Ungetüme. Sturzkampfflugzeuge wie die russische *Petljakov Pe-2* wurden speziell dafür gebaut, kleinere Ziele wie Panzer oder Schiffe mit großer Treffsicherheit anzugreifen. Da sie schneller als herkömmliche Bomber waren, konnten sie zudem feindlichen Jägern entkommen.

Im Zweiten Weltkrieg transportierten Schiffe wichtige Versorgungsgüter, wurden aber sehr häufig von feindlichen **Unterseebooten** (U-Booten) versenkt. Flugzeuge wie die amerikanische *B-24 Liberator* hatten die Aufgabe, mit **Radar** und Suchscheinwerfern deutsche U-Boote aufzuspüren und zu zerstören.

Die dreimotorige *Junkers Ju 52* war ein deutsches Transportflugzeug. Solche Maschinen waren schneller als Lastwagen und konnten über Hindernisse wie Berge oder Flüsse und über feindliche Truppen einfach hinwegfliegen. War eine Landung nicht möglich, wurden Lebensmittel, Waffen und sonstiger Nachschub per Fallschirm abgesetzt.

– *Berühmte Flugzeuge* –

DIE *SPITFIRE*

Wenige Flugzeuge haben so viel Bewunderung hervorgerufen wie die *Spitfire* des britischen Herstellers Supermarine. Noch heute gehen die Blicke staunend in den Himmel, wenn eines der rund 60 erhaltenen Jagdflugzeuge über die Köpfe hinwegdonnert. Das tiefe und heisere Röhren des Merlin-Motors ist ebenso unverkennbar wie die elegante Linienführung mit dem sich zum Heck hin verjüngenden Rumpf und den ovalen Tragflächen. Diese Merkmale und die große Bedeutung der Maschine für die Verteidigung Großbritanniens im Zweiten Weltkrieg haben sie zu einer wahren Legende werden lassen.

Entworfen wurde sie in den 1930er-Jahren von Reginald Joseph Mitchell, dem Chefkonstrukteur bei Supermarine. Die leichte *Spitfire* war sehr schnell, äußerst wendig und erreichte große Höhen. Als sie 1938 bei der Royal Air Force (RAF, britische Luftstreitkräfte) eingeführt wurde, liebten die Piloten sie wegen ihrer hohen Geschwindigkeit und weil sie leicht zu beherrschen war. Am Ende gab es 24 verschiedene Versionen des

Flugzeugs. Bei einigen waren gegenüber dem Vormodell nur einzelne Bauteile verbessert worden, andere aber wurden für spezielle Aufgaben umgerüstet: Sie konnten als Aufklärer über feindlichem Gebiet Luftaufnahmen machen oder, wie die Version *Seafire*, von **Flugzeugträgern** aus starten.

Die *Spitfire* kam gerade rechtzeitig, um Großbritannien vor der Eroberung durch deutsche Truppen zu retten. Dazu hätte die deutsche Luftwaffe die zahlenmäßig unterlegene RAF besiegen müssen. So kam es im Sommer 1940 über den Städten und Landschaften im Süden Großbritanniens zur sogenannten Luftschlacht um England. Tag für Tag kletterten junge Piloten aus vielen Ländern (darunter Polen, Südafrika und Neuseeland) in ihre *Spitfires* und *Hurricanes*, um die angreifenden deutschen Bomber und die zu ihrem Begleitschutz eingesetzten, hochgefährlichen Jäger vom Typ *Messerschmitt Bf 109* abzuwehren. Die Verluste waren auf beiden Seiten hoch, vor allem aber bei der deutschen Luftwaffe. Im Oktober war die Luftschlacht entschieden, und Großbritannien setzte den Kampf zur Beendigung des Krieges als freies Land fort.

HELDINNEN IM HINTERGRUND

Im Zweiten Weltkrieg hatte die britische Luftwaffe Royal Air Force ein Problem: Tausende neuer Flugzeuge mussten von den Fabriken zu Flugplätzen überführt werden, doch die Militärpiloten kämpften an der Front. Hilfe kam von der Organisation Air Transport Auxiliary (ATA). Sie warb Leute an, die genügend Erfahrung hatten, um die Maschinen fliegen zu können, aber zu alt oder körperlich nicht in der Lage waren, um an Kampfeinsätzen teilzunehmen.

Für die ATA flogen auch etwa 170 Pilotinnen, erst nur kleinere Schulungsflugzeuge, aber schon bald alle möglichen Maschinen: Jäger vom Typ *P-51 Mustang*, superschnelle *Mosquito*-Kampfflugzeuge und sogar schwere viermotorige Bomber wie die *Handley Page Halifax* oder die als „Fliegende Festung" bezeichnete *Boeing B-17*. Es war typisch für die Zeit, dass Frauen für dieselbe Arbeit 20 Prozent weniger Lohn erhielten als Männer. Doch ab 1943 wurde der Lohn angeglichen. ATA-Pilotinnen und -Piloten kamen aus der ganzen Welt: aus Südafrika, Kanada, Neuseeland, Australien, Chile, China, Russland, Polen und Siam (dem heutigen Thailand). Die amerikanische Pilotin Jacqueline Cochran kehrte in die USA zurück und gründete dort nach dem Vorbild der ATA eine eigene Organisation nur für Fliegerinnen: die Women Airforce Service Pilots (WASP).

Obwohl die ATA keine militärische Einheit war, befanden sich die Piloten und Pilotinnen bei den rund 300000 Flügen während des Krieges oft in großer Gefahr. Da keines der Flugzeuge Waffen an Bord hatte, waren sie bei Angriffen völlig wehrlos. Manchmal flogen die Besatzungen auch Maschinen, die sie zuvor nie gesehen hatten. Als Vorbereitung musste ein kleines Ringbuch genügen, das Anweisungen zur Bedienung der 147 Flugzeugtypen enthielt, die während des Krieges in Großbritannien eingesetzt wurden. Bis zum Ende des Krieges kamen 173 ATA-Piloten und -Pilotinnen bei der Ausübung ihrer wichtigen Aufgaben ums Leben. Zu diesen Opfern zählte auch die berühmte Fliegerin Amy Johnson. Die erste Frau, die allein von Großbritannien nach Australien geflogen war, stürzte bei schlechtem Wetter ab.

FLUGPLÄTZE

Es gibt viele Arten von Flugplätzen, auf denen Maschinen starten und landen, betankt und gewartet sowie be- und entladen werden. Kleine Landeplätze bestehen manchmal nur aus einer Grasbahn und ein oder zwei Gebäuden. Regionalflughäfen haben befestigte Start- und Landebahnen und Abfertigungsmöglichkeiten für Passagiere und Fracht. Internationale Flughäfen sind oft riesig und ähneln kleinen Städten. Auf ihnen finden täglich Hunderte von Starts und Landungen statt.

Vom Kontrollturm aus sorgen die Fluglotsen für einen sicheren und reibungslosen Flugverkehr. Mit Radar überwachen sie die an- und abfliegenden Flugzeuge. Per Funk informieren sie die Besatzungen über die vorgesehene Flugroute, Lande- und Startzeiten und über die Wetterbedingungen vor Ort.

Große Flughäfen haben oft mehrere Start- und Landebahnen. Diese müssen auch für das Gewicht landender Großraumflugzeuge stabil genug sein. Lichter helfen der Pilotin oder dem Piloten beim Landen in der Nacht oder bei Nebel. Rollbahnen verbinden die Start- und Landebahnen mit den Gates (siehe Seite 29).

Ein großer Flughafen braucht eine gute Verkehrsanbindung, damit ihn die Passagiere schnell erreichen und verlassen können. Schließlich will niemand seinen Flug verpassen! Die Leute kommen mit dem Bus oder Zug, der U-Bahn oder dem eigenen Auto, das sie in einem Parkhaus abstellen.

Das Terminal ist eine Halle, in der die Fluggäste ihre Tickets herzeigen müssen und ihr Gepäck aufgeben, das dann zum Flugzeug transportiert wird. Anschließend geht es für die Passagiere weiter zur Sicherheitskontrolle. Danach können sie sich die Zeit in Restaurants und Läden vertreiben, bis ihr Flug aufgerufen wird.

Kurz vor dem Abflug sammeln sich die Fluggäste an einem Gate. Das ist der Ort, an dem ein **Verkehrsflugzeug** betankt, gereinigt und mit der Verpflegung für den Flug und dem Gepäck der Passagiere beladen wird. Diese kommen als Letzte an Bord, bevor es zum Start geht.

WASSERFLUGZEUGE

Wasserflugzeuge sind für Starts und Landungen auf Wasserflächen gebaut. Eine Besonderheit sind Flugboote, deren Rumpf unten breit und flach wie bei einem Schiff geformt ist. Oft sind unter den Tragflächen Schwimmer angebracht, die auf dem Wasser für mehr Stabilität sorgen.

Die im Ersten Weltkrieg entwickelte *Felixstowe F.2* war das Vorbild für viele spätere Flugboote. Sie hatte zwei Rolls-Royce-Motoren, war mit Maschinengewehren ausgerüstet und konnte Bomben abwerfen. Ihre Aufgabe war es, über der Nordsee nach feindlichen U-Booten, Flugzeugen und Luftschiffen Ausschau zu halten.

Flugboote waren in den 1930er-Jahren als Verkehrsflugzeuge beliebt. Damals gab es noch wenige Flughäfen. Da war es von Vorteil, dass Maschinen wie die *Short Empire* auf Seen, Flüssen oder dem Meer starten und landen konnten. Unter der Bezeichnung *Short Sunderland* gab es auch ein Modell, das zu einem Militärflugzeug umgerüstet war.

Die *Hughes H-4 Hercules* war das größte jemals gebaute Flugboot. Da sie aus Sperrholz bestand, trug sie den Spitznamen „Fichtengans“. Die *H-4* sollte im Zweiten Weltkrieg aus den USA Nachschub nach Großbritannien bringen. Doch die Entwicklung des achtmotorigen Giganten dauerte zu lang. Als sie gebaut wurde, war der Krieg vorbei. Die „Fichtengans“ hob 1947 nur einmal zu einem Flug über eine Strecke von einem Kilometer ab.

Schwimmerflugzeuge haben meist zwei längliche Schwimmer, die am Rumpf befestigt sind. Solche Maschinen sind gewöhnlich kleiner als Flugboote. Die *De Havilland Canada DHC-3 Otter* benötigt nur besonders kurze Strecken für Start und Landung. Dieses Schwimmerflugzeug dient seit 1953 bis heute für den Transport von Passagieren und Fracht.

Heute kommen Wasserflugzeuge nicht mehr so oft zum Einsatz wie in der ersten Hälfte des 20. Jahrhunderts. Sie sind jedoch noch immer unersetzlich, um entlegene Orte zu erreichen, die keinen Flugplatz haben, aber am Wasser liegen. Die seit 1994 gebaute *Canadair CL-415* findet vor allem bei Waldbränden als Löschflugzeug und für Rettungsaktionen auf See Verwendung.

FRÜHE REISEFLUGZEUGE

Seit dem ersten Motorflug der Brüder Wright im Jahr 1903 war vorherzusehen, dass sich das Reisen in Zukunft grundlegend verändern würde. Und es sollte nicht lange dauern, bis Flugzeuge erstmals zahlende Passagiere durch die Luft beförderten.

Flugreisen begannen in den 1920er-Jahren. Die im Ersten Weltkrieg erzielten Fortschritte im Flugzeugbau machten zivile Maschinen möglich, die Passagiere samt Gepäck transportieren konnten. Das hier abgebildete kleine Verkehrsflugzeug *Blériot-SPAD S.46* hatte eine geschlossene Kabine für vier Gäste und flog über ganz Europa.

In den 1930er-Jahren nahmen Flugreisen weiter zu. Viele Fluglinien wurden gegründet. Sie begrüßten Geschäfts- und Urlaubsreisende an Bord von Maschinen wie der achtsitzigen *De Havilland DH.89 Dragon Rapide*. Doch die Tickets waren teuer, die Flüge laut und unbequem.

Die 1933 in Dienst gestellte *Boeing 247* war eines der ersten Reiseflugzeuge, die nicht mehr aus Holz, sondern aus Metall gebaut wurden. Zudem sorgten eine Klimaanlage und Dämmmaterial, das den Lärm in der Kabine verminderte, für mehr Komfort.

JETLINER

Jetliner können mit ihren Strahltriebwerken nicht nur weiter und schneller fliegen als Propellermaschinen, sondern auch erheblich mehr Passagiere befördern. So machten sie Flugreisen billiger und für mehr Menschen erschwinglich.

Die *De Havilland Comet* war 1952 das erste Strahlflugzeug, das für zivile Luftfahrt genutzt wurde. Sie hatte eine aerodynamische Form, eine Druckkabine und vier in die Tragflächen eingebaute Triebwerke. Im Vergleich zu früheren Propellermaschinen war die Comet leiser und komfortabler.

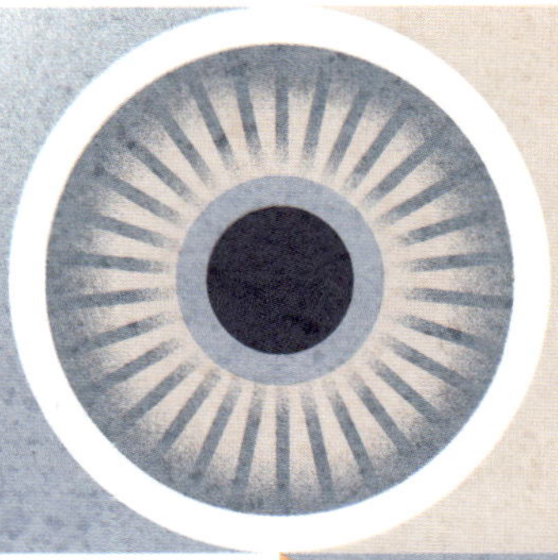

Als erstes Großraumflugzeug – mit drei Sitzreihen nebeneinander – wurde 1970 die vierstrahlige *Boeing 747-100* eingeführt. Sie bot Platz für 366 Passagiere und erreichte eine Höchstgeschwindigkeit von 969 km/h.

Als zurzeit größtes Verkehrsflugzeug der Welt hob der *Airbus A380* erstmals 2005 in die Luft ab. Der vierstrahlige Gigant des Himmels kann auf seinen zwei Decks bis zu 853 Passagiere befördern.

– Berühmte Flugzeuge –

DIE *CONCORDE*

Strahlend weiß, schlank und wie eine Speerspitze geformt – nie zuvor hatte es ein solches Verkehrsflugzeug wie die *Concorde* gegeben. Ihr einzigartiger Entwurf setzte neue Maßstäbe: Sie wurde so gebaut, dass sie an der Grenze zum Weltraum ihr Ziel schneller als ein Kampfjet anfliegen konnte. Während der Himmel vor den Flugzeugfenstern in ein dunkles Blau getaucht war und die Sterne funkelten, wurden den Passagieren im ersten und bis heute einzigen Überschall-Passagierflugzeug der Welt in mehreren Gängen feinste Speisen serviert.

Gemeinsam entwickelten und finanzierten Frankreich und Großbritannien dieses eindrucksvolle Flugzeug. Deshalb wurde der Name *Concorde* gewählt, der im Französischen so viel wie Einigkeit bedeutet. Die Kosten für den Bau des **Überschallflugzeugs** überschritten die Planungen um ein Vielfaches, aber das Ergebnis war atemberaubend. Die

Concorde erreichte eine Höchstgeschwindigkeit von 2179 km/h (schneller als ein mit dem Gewehr abgefeuertes Geschoss) und eine maximale Flughöhe von 18 Kilometern. So verringerte sich die sonst achtstündige Flugzeit von London nach New York auf 3 Stunden 30 Minuten. Die dreieckigen Deltaflügel sorgten für den Auftrieb, die vier Triebwerke mit Nachbrennern für den Schub, die spitze Nase und der schlanke Rumpf für geringen Luftwiderstand.

Zwanzig Maschinen wurden gebaut. Jede bot Platz für 93 bis 128 Passagiere und hatte eine neunköpfige Crew (Pilot bzw. Pilotin, Co-Pilot bzw. Co-Pilotin, Flugingenieur bzw. -ingenieurin und sechsköpfige Flugbegleitung). Bei insgesamt 50 000 Flügen wurden zwischen 1976 und 2003 rund 2,5 Millionen Fluggäste befördert. Doch die Kosten für diese technischen Meisterwerke waren so hoch, dass sie niemals Gewinn einflogen. Zudem sorgte ein tragischer Unfall – der einzige in 27 Jahren – bei einem Start im Juli 2000 für das vorzeitige Ende der *Concorde*.

LEICHTFLUGZEUGE

Leichtflugzeuge sind kleinere, meist einmotorige Flugzeuge mit geringem Gewicht, die einfach zu fliegen sind. Eine Vielzahl an Modellen erfüllt unterschiedlichste Aufgaben: etwa den Transport von Passagieren und Fracht, Foto- und Filmaufnahmen aus der Luft, das Schleppen von Werbebannern und die Ausbildung von Pilotinnen und Piloten.

Buschflugzeuge können Orte ansteuern, die für andere Maschinen nicht erreichbar sind. Für Start und Landung genügen ihnen kurze und sogar holperige, sandige oder gefrorene Pisten in Wüsten oder Steppen. Dabei helfen der *Champion Scout* etwa die großen Räder ihres Fahrwerks. Zudem ist sie robust, leicht zu warten und zu reparieren.

Turbopropflugzeuge sind größer, schneller und leistungsfähiger als Leichtflugzeuge mit herkömmlichem Propellerantrieb. Ihren Namen verdanken sie der Art ihrer Triebwerke. Die zweimotorige *Beechcraft King Air 350i* wird als komfortables Reiseflugzeug und im Luftrettungsdienst eingesetzt, zudem beim Militär für Aufklärungs- und Überwachungsflüge.

Einige Leichtflugzeuge sind speziell darauf ausgelegt, bei Flugshows außergewöhnliche Kunstflugmanöver wie Loopings, Rollen und Turns darzubieten: manchmal auch mit mehreren Flugzeugen in Formation. Der seit 1944 hergestellte Doppeldecker *Pitts Special* hat über viele Jahre hinweg solche Veranstaltungen beherrscht und zahllose Preise eingeflogen.

Ultraleichtflugzeuge werden normalerweise für Flüge über kurze Strecken genutzt, um von oben die schöne Aussicht zu genießen. Kaufpreis und Unterhalt sind sehr viel günstiger als bei größeren Leichtflugzeugen. Die *Pegasus Quantum* hat einen Deltaflügel (Tragfläche in dreieckiger Form) und darunter ein offenes Cockpit mit zwei Sitzen. Motor und Propeller befinden sich am Heck.

Seit dem Produktionsbeginn 1956 wurden von der US-amerikanischen *Cessna 172 Skyhawk* rund 44 000 Exemplare hergestellt. Damit ist sie das meistgebaute Flugzeug aller Zeiten. Die *Skyhawk* ist ein einmotoriger **Schulterdecker** mit vier Sitzen und einem nicht einziehbaren Fahrwerk.

AIR FORCE ONE

Air Force One ist das Rufzeichen des jeweiligen Luftfahrzeugs, das den Präsidenten der Vereinigten Staaten von Amerika an Bord hat. Das Rufzeichen ist der Name, mit dem ein Flugzeug im Funkverkehr bezeichnet wird. Meist wird die Bezeichnung _Air Force One_ jedoch für die beiden umgebauten _Boeing 747-200B_ Jumbojets verwendet, in denen der Präsident Staatsreisen unternimmt. Geflogen werden die Maschinen mit den Kennzeichen 28000 und 29000 von Piloten der amerikanischen Luftwaffe. Die _Air Force One_ bietet nicht nur viel Komfort und Sicherheit, sondern ist zugleich eine fliegende Kommandozentrale.

Ohne aufzutanken, kann die *Air Force One* rund 12 600 Kilometer weit fliegen; das entspricht etwa einem Drittel des Erdumfangs. Bei Bedarf kann sie auch in der Luft über ein langes Rohr von einem Tankflugzeug Treibstoff übernehmen. Die *Air Force One* ist so in der Lage, sehr lange in der Luft zu bleiben.

Das Flugzeug hat drei Decks: Das Oberdeck ist für den Präsidenten reserviert; im Mitteldeck halten sich die Besatzung und Gäste auf; im Unterdeck sind Proviant, Gepäck und Fracht verstaut. Zu den Räumen des Präsidenten gehören auch ein Büro, Schlafzimmer, Bad und ein Konferenzraum mit Telefonen, Bildschirmen und Übertragungskameras.

An Bord der *Air Force One* kann beinahe jeder medizinische Notfall behandelt werden. Wie in einem Krankenhaus gibt es einen Bereich mit einem Operationstisch, Untersuchungsgeräten und Konserven mit der Blutgruppe des Präsidenten. Stets fliegen ein Arzt und ein Sanitäter mit.

Die *Air Force One* soll dem Präsidenten bestmöglichen Schutz bieten. Deshalb hat sie einen gepanzerten Rumpf und schusssichere Fenster. Außerdem ist sie mit aufwendiger Technik ausgestattet, um Raketen abzuwehren und feindliches Radar zu stören.

Einschließlich des Präsidenten, der Besatzung, Mitarbeiter und Mitarbeiterinnen, Sicherheitsbeamten und -beamtinnen, des medizinischen Personals sowie aller Gäste und Journalisten bzw. Journalistinnen können bis zu 76 Personen in der *Air Force One* mitfliegen. Sie alle werden von zwei Bordküchen verpflegt.

JETS UND RAKETEN

In der Fliegerei werden seit den Brüdern Wright Propellerantriebe verwendet. Doch sind die Möglichkeiten von Propellermaschinen begrenzt, was die erreichbare Geschwindigkeit, Höhe und Zuladung angeht. Deshalb begann man bereits in den 1920er-Jahren, leistungsfähigere Jets mit Strahl- und Raketenantrieben zu entwickeln. Doch erst im Zweiten Weltkrieg, als überlegene Technik eine immer größere Rolle spielte, kamen sie zum Einsatz.

Die *Gloster Meteor* war Großbritanniens erstes Kampfflugzeug mit zwei Strahltriebwerken. Beim Jungfernflug 1943, dem ersten Flug der Maschine, erreichte der Jet eine Höchstgeschwindigkeit von 991 km/h. Fast 4000 Stück wurden von der Meteor gebaut, bevor man sie durch die pfeilförmige *Hawker Hunter* ersetzte.

Der allererste einsatzfähige Kampfjet war die deutsche *Messerschmitt Me 262*, die ab 1944 als Jäger bei Luftkämpfen eingriff. Mit ihrer für die damalige Zeit überlegenen Technik war die bis zu 870 km/h schnelle *Me 262* dafür entwickelt worden, den Luftraum über Europa zu beherrschen.

Die ab 1944 eingesetzte *Messerschmitt Me 163 Komet* blieb bis heute das einzige Jagdflugzeug mit Raketenantrieb. Mit ihren zwei Maschinenkanonen, der Höchstgeschwindigkeit von über 1000 km/h und dem hochexplosiven Raketentreibstoff an Bord waren Angriffe mit der *Me 163* für den Piloten genauso gefährlich wie für den Gegner. Auch wenn die *Me 163* als Jäger nicht sehr erfolgreich war, half ihre Antriebstechnik nach dem Krieg bei der Entwicklung von Weltraumraketen.

Der erste US-amerikanische Kampfjet mit nach hinten gepfeilten Flügeln war die *F-86 Sabre*. Diese Form senkte den Luftwiderstand (siehe Seite 14). Dadurch flog die Maschine schneller und war leichter lenkbar. Ab 1947 wurden 9860 Exemplare der *F-86* gebaut. Sie ist damit eines der meistproduzierten Kampfflugzeuge.

Die amerikanische *B-45 Tornado* wurde 1948 bei der US-Luftwaffe in Dienst gestellt und zählt zu den frühesten Bombern mit Strahlantrieb. Die vierstrahlige *B-45* hatte eine Reichweite von rund 1600 Kilometern und erlangte eine Höchstgeschwindigkeit von 917 km/h. Zudem war sie der erste Kampfjet, der Atombomben transportieren konnte.

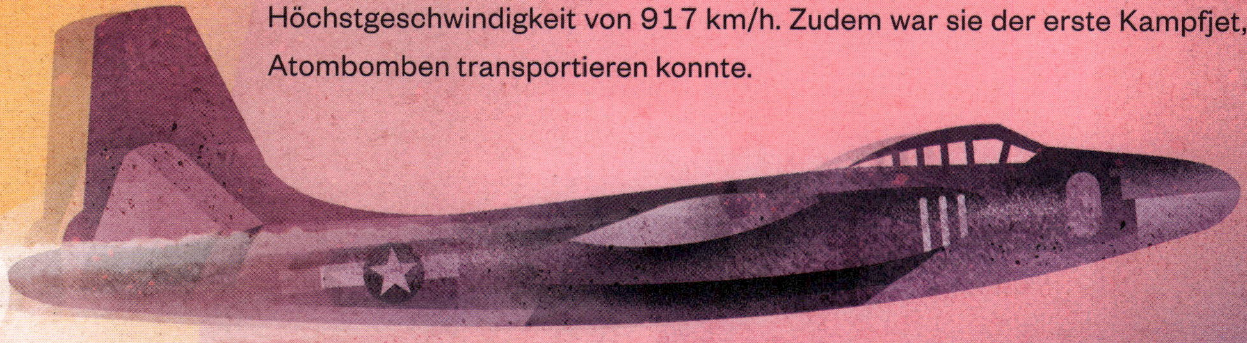

– Berühmte Flugzeuge –

DIE *BELL X-1*

Am 14. Oktober 1947 startete eine US-amerikanische *Boeing B-29 Superfortress* in den Himmel über der kalifornischen Mojave-Wüste. Unter ihrem Rumpf trug sie ein sehr viel kleineres Flugzeug in die Höhe: die *Bell X-1.* Wegen seiner enormen Geschwindigkeit und seiner aerodynamischen Form nannten die Entwickler dieses Versuchsflugzeug „Geschoss mit Flügeln“. Im Cockpit saß Testpilot Captain Charles Elwood „Chuck“ Yeager. In 7000 Metern Höhe wurde die *Bell X-1* ausgeklinkt. Danach schrieb sie Geschichte.

Die *Bell X-1* diente dem Versuch, als erstes von einem Piloten gesteuertes Flugzeug die Geschwindigkeit zu übertreffen, mit der sich der Schall ausbreitet, nämlich 1225 km/h (auch als Mach 1 bezeichnet). Nach dem **Ausklinken** der Maschine zündete der äußerst erfahrene US-amerikanische Pilot Chuck Yeager den

Raketenantrieb, stieg mit der *Bell X-1* auf 13 000 Meter Höhe, brachte sie dort in eine waagerechte Fluglage und beschleunigte sie auf zuvor unerreichte 1127 km/h. Als der Treibstoff, eine hochexplosive Mischung aus flüssigem Sauerstoff und Ethylalkohol, aufgebraucht war, glitt die *Bell X-1* sicher zurück zum Boden. Und Yeager war der erste Pilot, der die Schallmauer durchbrochen hatte.

Wie auch jedes spätere Überschallflugzeug musste die *Bell X-1* so geformt sein, dass sie den Belastungen standhielt, die beim Durchbrechen der Schallmauer auftreten. Denn kurz vor Erreichen von Mach 1 nimmt der Luftwiderstand plötzlich stark zu, weil sich vom Flugzeug erzeugte Schallwellen vor dessen Nase verdichten. Durchbricht die Maschine diese Schallmauer, verursacht sie dabei ein lautes Geräusch: den sogenannten Überschallknall. Der Erfolg der *Bell X-1* bereitete den Weg ins Zeitalter der Überschallflüge.

VERRÜCKTE IDEEN

Seit dem Bau des *Wright Flyer* sind Tausende von Luftfahrzeugen konstruiert worden. Die meisten erfüllten ihren Zweck, einige sogar sehr erfolgreich. Es gab aber auch Neuentwicklungen, deren Flugerprobung Nerven aus Stahl erforderte und die niemals in Serie (in größerer Anzahl) hergestellt wurden.

Eigentlich sollte die *De Lackner HZ-1 Aerocycle* auch ohne Ausbildung leicht zu bedienen und zu fliegen sein. Der Pilot stand über den sich drehenden Rotorblättern und lenkte das Fluggerät, wie beim Skateboardfahren, indem er das Gewicht verlagerte. Doch die Handhabung erwies sich als zu schwierig, und das Projekt wurde 1956 abgebrochen.

Die *Convair XFY Pogo* ähnelte mehr einer Weltraumrakete als einem Flugzeug. Gedacht war sie als Jäger, der senkrecht von Schiffen aus starten sollte, um Angreifer mit ihren Maschinengewehren abzuwehren und dann an Bord des Schiffes zurückzukehren. Vor allem das ebenfalls senkrechte Landemanöver war äußerst knifflig, da der Pilot dabei rückwärts über seine Schulter blicken musste.

Die in den 1940er-Jahren zunehmende Reichweite der Bomber brachte es mit sich, dass Jäger ihnen nicht über die gesamte Strecke zum Ziel Begleitschutz geben konnten. Deshalb kam man auf die Idee, die *McDonnell XF-85 Goblin* zu bauen. Der kleine Jet sollte im Bomber transportiert werden, sich erst bei einem Angriff ausklinken und danach zurückkehren.

Der 1944 in Deutschland entworfene *Focke-Wulf Triebflügel* verfolgte dasselbe Ziel wie die *XFY Pogo*: Ohne Tragflächen sollte die Mischung aus Hubschrauber und Flugzeug senkrecht starten und landen können. Den nötigen Schub (siehe Seite 15) sollte ein großer Propeller hinter dem Cockpit erzeugen.

Der Hafner *Rotabuggy* war ein Jeep, der mit dem Rotor eines Hubschraubers (siehe Seite 48) versehen war. Auf diese Weise wollte die britische Armee Jeeps aus der Luft absetzen. Überraschenderweise gelang ein Testflug, bei dem der Jeep zehn Minuten lang mit einer Geschwindigkeit von 105 km/h in der Luft blieb. Doch die Einführung von Lastenseglern (militärischen Gleitflugzeugen), die Jeeps transportieren konnten, machte den *Rotabuggy* überflüssig.

– Berühmte Flugzeuge –

DIE *SR-71A BLACKBIRD*

Auf dem Höhepunkt des Kalten Krieges gab der US-amerikanische Präsident den Befehl, ein neues, bahnbrechendes Aufklärungsflugzeug zu entwickeln. Es sollte für das Radar unsichtbar und so schnell sein, dass man es praktisch nicht abschießen konnte. 1966 zeigten die Ingenieure des Flugzeugbauers Lockheed ihr Ergebnis: das Aufklärungsflugzeug *SR-71A Blackbird*.

Die *SR-71* war ideal für den Einsatz im **Kalten Krieg**, sie war zwar eine Militärmaschine, aber kein Kampfflugzeug. Ihre Aufgabe bestand darin, aus großer Höhe über feindlichem Gebiet Fotos von militärischen Anlagen wie Marinehäfen und Raketenbasen zu machen. Die Kameras waren so hoch entwickelt, dass die *SR-71* pro Stunde eine Fläche von 160 934 Quadratkilometern fotografieren konnte und dabei noch Gegenstände von der Größe eines Schuhs deutlich zu erkennen waren.

Damit man sie nicht abschießen konnte, verfügte die *SR-71* über herausragende Eigenschaften. Erstens war sie ein Tarnkappenflugzeug: Wegen des Materials, aus dem sie gebaut war, ihrer schlanken Form und der flachen **Anströmkanten** der Flügel war die *SR-71* vom Radar kaum zu erfassen. Im besten Fall wurde sie nicht einmal bemerkt, wenn sie direkt über jemanden hinwegflog. Zweitens war das Flugzeug unglaublich schnell. Wurde eine Rakete auf die *SR-71* abgefeuert, musste der Pilot nur den Schubhebel nach vorn schieben und flog ihr einfach davon. So wurde nie eine *SR-71* getroffen, obwohl man insgesamt mehr als 1000 Boden-Luft-Raketen auf sie abschoss. Auch nach 60 Jahren hält die Maschine noch viele Weltrekorde: Nie flog ein bemanntes Flugzeug höher (25 929 Meter) oder schneller (3530 km/h). Damit ist die *SR-71* ein technischer Meilenstein in der Geschichte der Luftfahrt.

HUBSCHRAUBER

Hubschrauber – oder Helikopter – sind äußerst praktisch, denn sie können in der Luft schweben und auch senkrecht starten oder landen. Den Auftrieb erzeugt der Hauptrotor über dem Hubschrauber, während der Heckrotor für eine stabile Fluglage sorgt.

Jahrzehntelange Versuche brachten nur **Prototypen** hervor, die nicht fliegen konnten, bis der erste funktionsfähige Hubschrauber 1936 in Deutschland abhob. Das einsitzige Versuchsmodell *Focke-Wulf Fw 61* bewies mit seinen zwei Rotoren, dass Drehflügler sicher und stabil fliegen konnten. Das Zeitalter der Hubschrauber begann.

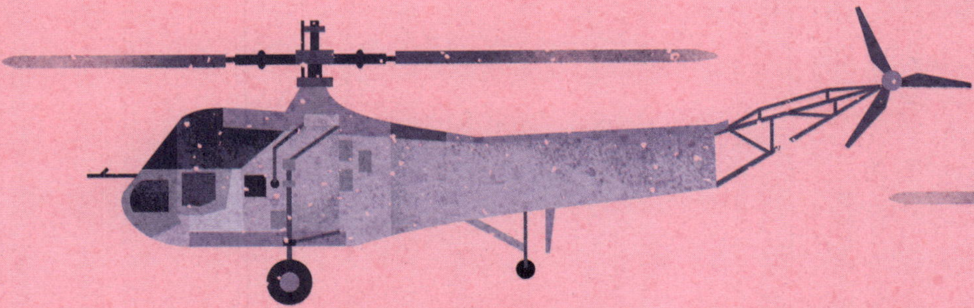

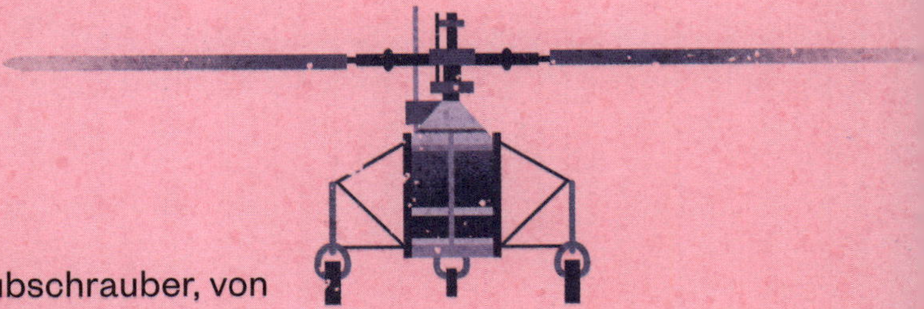

Der *Sikorsky R-4 Hoverfly* war der erste Hubschrauber, von dem eine große Stückzahl hergestellt wurde. Wie er haben die meisten Helikopter auch heute noch einen waagerechten und einen senkrechten Rotor. Der *R-4* war 1944 zudem der erste Hubschrauber, der auf einem Schiffsdeck landete.

Der bereits seit 1959 gefertigte, noch immer eingesetzte und mit einer Stückzahl von mehr als 16 000 wohl meistgebaute Hubschrauber der Welt heißt *Bell UH-1 „Huey“*. Mit einer Höchstgeschwindigkeit von 217 km/h transportiert er – oft auch in Kriegsgebieten – Menschen und Fracht oder dient als Rettungsflieger und zur Bekämpfung von Waldbränden.

Hubschrauber wie der *Westland WS-61 Sea King* eignen sich vor allem für Such- und Rettungseinsätze. Da er in der Lage ist, langsam zu fliegen und über einer Stelle zu schweben, können die Retter in entlegenen Gegenden oder über dem Meer besser nach den Gesuchten Ausschau halten und sie mit einer Winde an Bord holen.

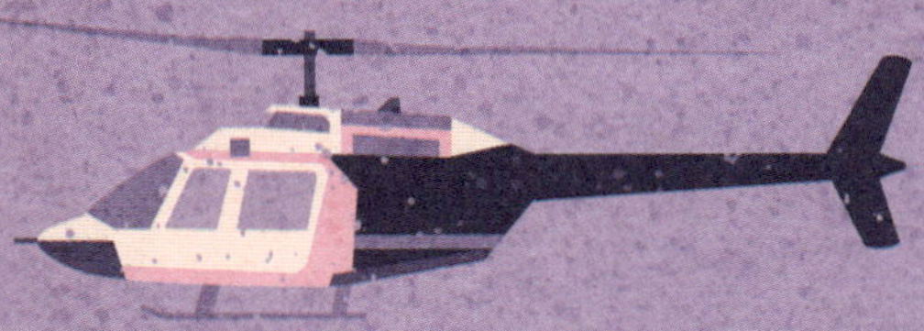

Der im zivilen Bereich sehr häufig genutzte Helikopter *Bell 206 Jet Ranger* wird im Personentransport eingesetzt, aber auch, um den Verkehr zu beobachten oder für Nachrichtensender Luftaufnahmen von wichtigen Ereignissen zu machen. Der Polizei dient er bei der Suche nach Verdächtigen und für Lageberichte bei Unfällen.

Einige Helikopter erfüllen keine Transportaufgaben, sondern werden ausschließlich militärisch genutzt. Der Erste war der seit 1965 gebaute Kampfhubschrauber *Bell AH-1 Cobra*. Er ist schnell und wendig. Vorne sitzt der Bordschütze, hinter ihm der Pilot, beide sind von einer Panzerung geschützt.

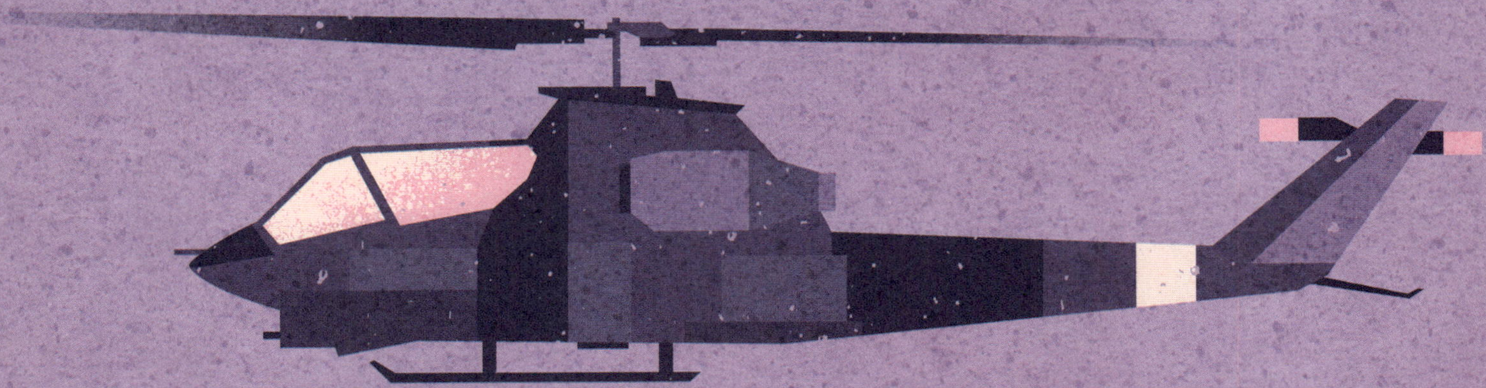

– Berühmte Flugzeuge –

DIE *HAWKER SIDDELEY HARRIER*

Das bahnbrechende Flugzeug wurde nach einem Greifvogel benannt, der bei der Jagd in der Luft schweben kann. Dasselbe gilt für die *Hawker Siddeley Harrier*: Sie verbindet die Schnelligkeit, Reichweite und Wendigkeit eines Kampfjets mit den Flugeigenschaften eines Hubschraubers. Nach vielen Jahren der Erprobung hob die *Harrier* 1965 zu ihrem Jungfernflug ab und wurde als erster Senkrechtstarter in Serie produziert.

Im Unterschied zu herkömmlichen Kampfjets ist die *Harrier* in der Lage, auch von sehr kurzen und unbefestigten Pisten abzuheben. Solange sie nicht mit Treibstoff und Waffen voll beladen ist, kann sie praktisch überall sogar senkrecht starten und landen: auf Autoparkplätzen, Straßen oder einer Waldlichtung. Dort unter **Tarnnetzen** versteckt, reichen dem Bodenpersonal 30 Minuten, um die

Maschine zu betanken und mit neuen Waffen auszurüsten. Danach ist die *Harrier* wieder startbereit. Spätere Ausführungen des Kampfjets wurden so angepasst, dass sie speziell für den Kurzstrecken- oder Rampenstart von Schiffen aus geeignet sind.

Die Fähigkeit zum Kurzstrecken- und Senkrechtstart verdankt die *Harrier* ihrem Pegasus-Triebwerk mit vier drehbaren Düsenauslässen. Sind diese senkrecht nach unten gerichtet, lässt der Schub des Triebwerks das Flugzeug schweben. Zeigen die Düsenauslässe nach hinten, fliegt die *Harrier* wie jeder andere Jet. Kleinere Steuerdüsen befinden sich noch in der Flugzeugnase, im Heck und an den Tragflächenspitzen, um die Maschine auch im Schwebeflug zu steuern. Dies erfordert viel Erfahrung des Piloten, denn selbst kleinste Fehler können zu einer Katastrophe führen.

FRACHTFLUGZEUGE

Flugzeuge wurden von Beginn an auch für den Transport von Frachtgütern verwendet. Anfangs konnten sie nicht viel Ladung mitnehmen, brachten aber vor allem Briefe und Pakete schneller als Schiffe oder Lastwagen von Ort zu Ort. Durch den technischen Fortschritt wurde es möglich, Flugzeuge zu bauen, die immer größere und schwerere Güter transportieren konnten.

Die ersten Frachtflugzeuge waren meist umgebaute Verkehrsmaschinen, die sonst Passagiere transportierten. Das lag nahe, denn beide Flugzeugtypen mussten dieselben Anforderungen erfüllen: nämlich weite Strecken fliegen können und viel Platz bieten. So wurde die in den 1940er-Jahren eingesetzte *Douglas C-47 Skytrain* aus dem Verkehrsflugzeug *Douglas DC-3* entwickelt.

Die seit 1956 gebaute *Lockheed AC-130 Hercules* zählt zu den erfolgreichsten Frachtflugzeugen aller Zeiten. Die geräumige Maschine ist mit vier Propeller-Triebwerken und einer Laderampe im Heck ausgestattet. Für Starts und Landungen reichen ihr kurze Pisten. Die *Hercules* wird auch als Bodenkampfflugzeug sowie bei Such- und Rettungsaktionen eingesetzt.

Einige Frachtflugzeuge werden speziell dafür gebaut, extrem große und schwere Ladungen aufzunehmen, die andere Fahrzeuge nicht transportieren können. Die *Aero Spacelines Super Guppy* hob erstmals 1965 ab, um für die US-Raumfahrtbehörde NASA (National Aeronautics and Space Administration) Raketenbauteile zu verfrachten: darunter auch Stufen der Mondrakete *Saturn V*.

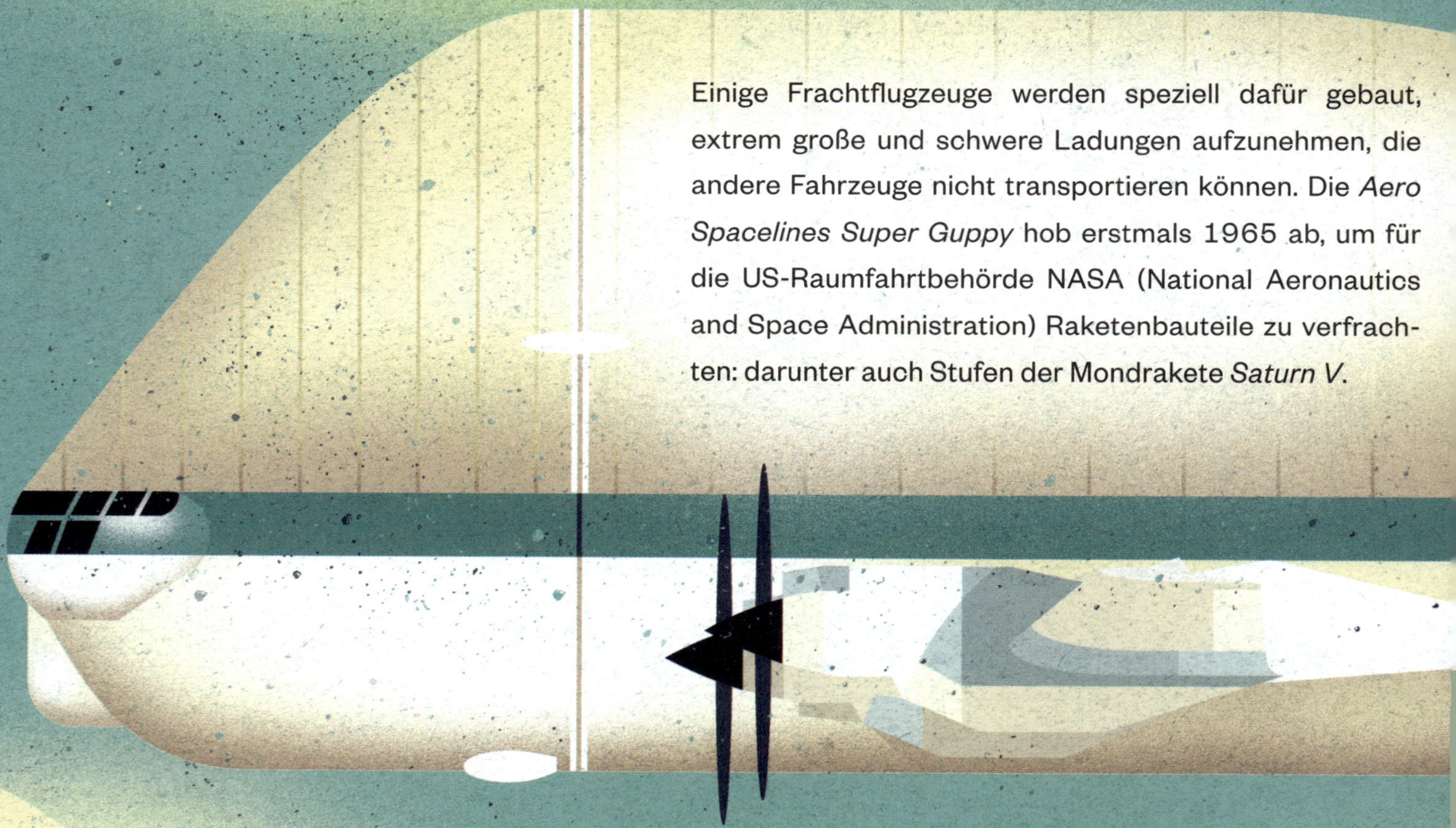

Da der Rumpf stabil gebaut ist und die Strahltriebwerke sehr leistungsstark sind, können moderne Frachtflugzeuge sperrige und schwergewichtige Ladungen über lange Strecken transportieren. Der Laderaum der *Boeing C-17 Globemaster* ist 27 Meter lang, 5,5 Meter breit und 3,76 Meter hoch. Die *C-17* kann auch auf unbefestigten Pisten landen.

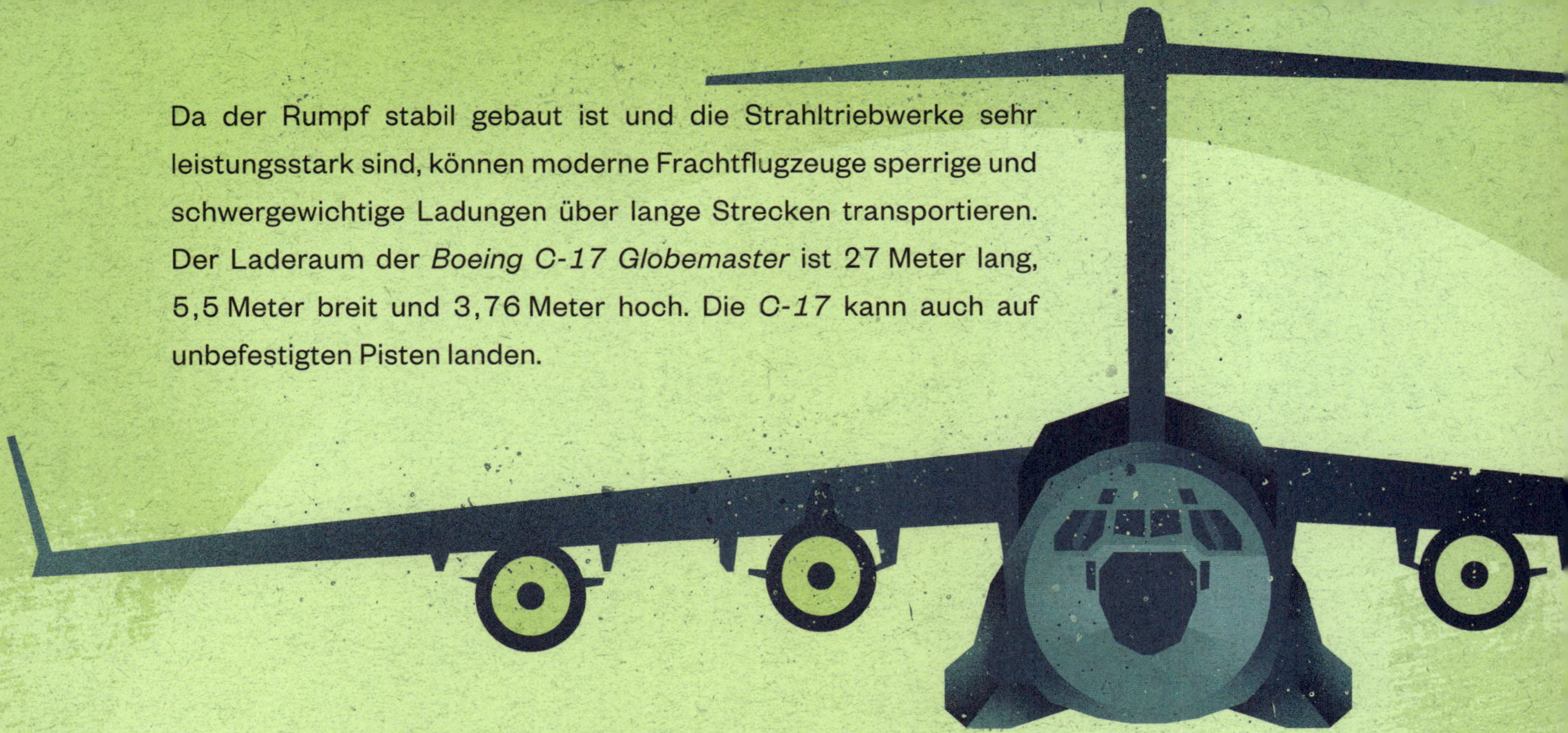

Der Transporthubschrauber *Boeing CH-47 Chinook* kann nicht so viel Fracht befördern wie ein großes Flugzeug. Dafür kann er aber nicht nur senkrecht starten und landen, sondern auch in der Luft schweben. Dadurch ist er in der Lage, seine Fracht an einer Winde heraufzuziehen oder herabzulassen, ohne landen zu müssen.

– Berühmte Flugzeuge –

DIE *F-35* LIGHTNING II

Als Militärflugzeug ist die *F-35 Lightning II* technisch auf dem neuesten Stand. Seit Beginn ihrer Herstellung 2006 hat sie viele Jahre der Weiterentwicklung durchlaufen und soll noch bis etwa 2070 eingesetzt werden. Die *F-35* ist kein gewöhnlicher Kampfjet, sondern ein Tarnkappen-Mehrzweckkampfflugzeug. So kann es seine Aufgaben erfüllen, ohne vom Radar bemerkt zu werden. Die Maschine ist in der Lage, lange Strecken zurückzulegen und feindliche Flugzeuge oder Ziele auf dem Boden bereits Hunderte von Kilometern im Voraus zu orten, lange bevor sie selbst entdeckt wird.

Von der *F-35 Lightning* gibt es drei verschiedene Typen. Mit einer Höchstgeschwindigkeit von 1960 km/h ist die *F-35A* die schnellste Ausführung, sie braucht allerdings wie die meisten anderen Kampfflugzeuge auch eine lange Start- und Landebahn. Die *F-35B* hat hingegen – wie die *Harrier* (siehe Seite 50 und 51) – die

Fähigkeit, auf sehr kurzen Strecken abzuheben oder sogar senkrecht zu starten. Speziell für den Einsatz auf Flugzeugträgern ist die *F-35C* ausgerüstet. Mit Dampfdruck betriebene Katapulte (Vorrichtungen zum Starten von Flugzeugen) befördern die Jets in die Luft. Für die Landung haben sie einen Fanghaken, mit dem sie ein Stahlseil erwischen müssen, das quer über das Flugdeck gespannt ist und die Maschine zum Stehen bringt.

Das Cockpit ist so gestaltet, dass es der Pilotin oder dem Piloten auf einem Bildschirm möglichst übersichtlich nur die notwendigen Angaben liefert: vor allem zur Flughöhe, zur Geschwindigkeit, zur Treibstoffmenge und zur Position anderer Flugzeuge. Außerdem gibt es noch ein Nachtsichtgerät und einen Touchscreen. Darüber hinaus trägt die Pilotin oder der Pilot einen Helm, in dessen Visier alle wichtigen Flugdaten zu sehen sind, egal in welche Richtung der Kopf gedreht wird.

DIE ZUKUNFT DER LUFTFAHRT

Dass die Fliegerei die Welt verändern würde, war schon nach dem Erfolg der Brüder Wright vorhersehbar. Seitdem hat sich die Technik im Luftfahrzeugbau Schritt für Schritt weiterentwickelt und Flugzeuge zu höchst vielseitigen Transportmitteln gemacht: sei es als einsitziges Leichtflugzeug oder als Doppeldecker-Passagiermaschine, als Frachtflugzeug oder ultramoderner Kampfjet. Doch was wird die Zukunft an weiteren Neuerungen bringen?

So nützlich Flugzeuge auch sind, ihre Treibstoffe aus nicht-erneuerbaren Energiequellen erzeugen schädliche Abgase und tragen zum Klimawandel bei. Allein 2019 wurden weltweit 38 Millionen Passagiere befördert, und mit Ausnahme während der Coronapandemie (2020–2023) steigt die Zahl der Flugreisenden von Jahr zu Jahr immer weiter an. Deshalb arbeiten die Flugzeugbauer daran, dass Verkehrsmaschinen mehr Menschen transportieren können und so wenig Treibstoff wie möglich verbrauchen. Derzeit zählt der *Airbus A220-300* zu den sparsamsten Jetlinern der Welt.

Schaut man in die fernere Zukunft, ist es möglich, dass Flugzeuge statt herkömmlicher irgendwann saubere Treibstoffe wie Wasserstoff oder Elektrizität verwenden. Geforscht wird auch an einer völlig neuen Formgebung, die von der üblichen heutiger Flugzeuge stark abweicht. Eine der Ideen sieht vor, Rumpf und Flügel übergangslos zu gestalten. Der Vorteil wäre, dass dann nicht nur die Tragflächen für Auftrieb sorgen würden, sondern das ganze Flugzeug. Dadurch würde auch der Verbrauch der Triebwerke sinken.

LUFTFAHRT-ZEITSTRAHL

Seit dem Gelingen des ersten Motorflugs hat die Luftfahrt eine 120-jährige Entwicklung mit riesigen technischen Fortschritten erlebt. Flugzeuge gehören heute zu unserem Alltag, auch wenn wir meist nur ihre Kondensstreifen am Himmel über uns sehen. Flugzeuge werden zweifellos noch viele weitere Jahre und Jahrzehnte eine große Rolle bei der Erkundung und Gestaltung unserer Welt spielen.

UM 500 V. CHR.

Im alten China werden Drachen und Himmelslaternen gebaut.

1480ER-JAHRE

Leonardo da Vinci entwirft einen Flugapparat namens „Ornithopter".

1793

In Frankreich hebt der erste bemannte Heißluftballon ab.

19. JAHRHUNDERT

Viele Piloten ebnen mit den von ihnen erfundenen Gleitern den Weg zum ersten Motorflugzeug.

1947

Der erste Pilot durchbricht mit seiner Maschine die Schallmauer.

1948

Die USA stellen die ersten Bomber mit Strahlantrieb in Dienst.

1949

Die Erde wird zum ersten Mal mit einem Flugzeug im Nonstop-Flug umrundet.

1952

Das erste Strahlverkehrsflugzeug transportiert Passagiere.

1966

Die *SR-71A Blackbird* hebt als schnellstes Flugzeug der Welt und die *Harrier* als erster Senkrechtstarter ab.

1976

Die *Concorde* nimmt als erstes Überschall-Passagierflugzeug Fluggäste an Bord.

1999

Erstmals gelingt die Umrundung der Welt in einem Heißluftballon.

1897

Der erste Zeppelin, ein Luftschiff mit starrem Metallskelett, wird in Deutschland gebaut.

1903

Den Brüdern Wright glückt der erste Motorflug mit ihrem *Flyer*.

1914–1918

Im Ersten Weltkrieg werden erstmals Jagdflugzeuge, Bomber und auch Flugzeugträger eingesetzt.

1920ER- BIS 30ER-JAHRE

Im goldenen Zeitalter der Fliegerei werden viele Flugrekorde aufgestellt und die ersten Fluglinien gegründet.

1936

Der erste Helikopter schraubt sich in die Luft.

1939–1945

Beim Ausgang des Zweiten Weltkriegs spielen Kampfflugzeuge erstmals eine entscheidende Rolle.

1944

Deutschland setzt zum ersten Mal Jagdflugzeuge mit Strahl- und Raketenantrieb ein.

2005

Der *Airbus A380* startet als größtes Verkehrsflugzeug der Welt zu seinem Jungfernflug.

2010

Das Solarflugzeug *Solar Impulse 1* bleibt mit der tagsüber gespeicherten Sonnenenergie auch nachts insgesamt 24 Stunden in der Luft.

2021

Der NASA-Helikopter *Ingenuity* (deutsch: Erfindergeist) erkundet als erstes von Menschen ferngesteuertes Fluggerät einen anderen Planeten – den Mars.

LUFTFAHRT-WELTREKORDE

Der technische Fortschritt bei Flugzeugen und Hubschraubern geht unvermindert weiter. Auf der ganzen Welt setzen Ingenieurinnen und Ingenieure alles daran, noch schnellere, größere und bessere Luftfahrzeuge zu bauen. Hier einige der erzielten Weltrekorde:

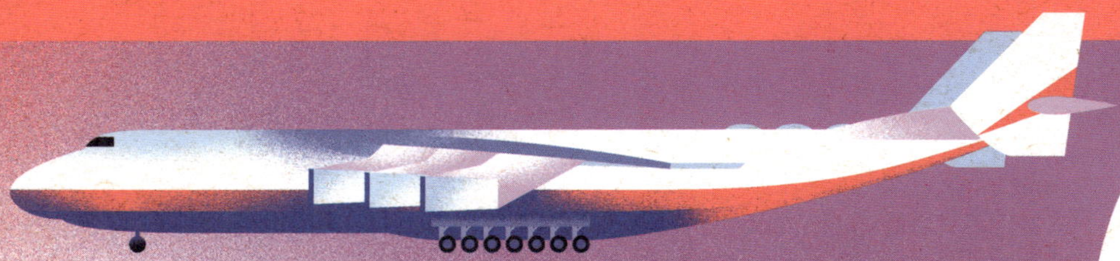

SCHWERSTES FLUGZEUG

640 Tonnen Startgewicht / *Antonov An-225 Mrija* / Frachtflugzeug / Russland

SCHWERSTES PROPELLER-FLUGZEUG

250 Tonnen Startgewicht / *Antonov An-22* / Frachtflug-zeug / Russland

SCHWERSTER HUBSCHRAUBER

56 Tonnen Startgewicht / *Mil Mi-26* / Frachthubschrauber / Russland

SCHNELLSTES FLUGZEUG

3500 km/h / *Lockheed SR-71 Blackbird*

SCHNELLSTER HUBSCHRAUBER

400,9 km/h / *Westland Lynx*

VERKEHRSREICHSTER FLUGHAFEN

110 531 300 Passagiere im Jahr 2019 / Hartsfield-Jackson Atlanta International Airport, USA

FLÄCHENMÄẞIG GRÖẞTER FLUGHAFEN

776 Quadratkilometer / King Fahd International Airport, Saudi-Arabien

ERSTER FLUG UM DIE WELT IN EINEM SOLARFLUGZEUG

42 438 Kilometer / 23,25 Tage Flugdauer / *Solar Impulse II* / 2015–2016

ERSTER NONSTOP-FLUG UM DIE WELT

1949 / 94 Stunden und 1 Minute / *Boeing B-50 „Lucky Lady II"*

WORTERKLÄRUNGEN

ANSTRÖMKANTE

Der vordere Teil einer Flugzeugtragfläche, der beim Flug von der Luft angeströmt wird.

AUFKLÄRER/AUFKLÄRUNGSFLUGZEUG

Flugzeuge zum Auskundschaften von Gelände, um militärisch wichtige Erkenntnisse zu erhalten.

AUSKLINKEN

Vorgang, bei dem ein kleineres Flugzeug in der Luft aus dem Inneren oder von der Unterseite eines größeren Flugzeugs abgesetzt wird.

AERODYNAMISCH

Eigenschaft einer meist glatten, schlanken und abgerundeten Formgebung, die darauf zielt, den Luftwiderstand eines Fahrzeugs zu vermindern.

BALLASTTANKS

Mit Wasser gefüllte Tanks in einem Luftschiff. Das Wasser wird abgelassen, um das Gewicht des Luftschiffs zu vermindern, sodass es abheben kann.

COCKPIT

Teil eines Luftfahrzeugs, meist an der Frontseite, und der Arbeitsplatz der Piloten und Pilotinnen sowie des Flugingenieurs bwz. der Flugingenieurin.

FLUGZEUGTRÄGER

Meist ein Kriegsschiff, von dem aus Flugzeuge starten und landen. Auf Flugzeugträgern bringt man Flugzeuge in die Nähe eines anderen Landes.

FRACHT

Güter, die mit Schiffen, Flugzeugen, Zügen oder anderen Fahrzeugen transportiert werden.

HOCHENTZÜNDLICH

Leicht brennbar und Feuer fangend.

HÖHENRUDER

Bewegliche Klappen am Heck eines Flugzeugs, die dafür sorgen, dass das Flugzeug steigt oder sinkt.

KALTER KRIEG

1947 bis 1991. Eine Zeit voller Misstrauen und Konflikte zwischen den westlichen Demokratien unter Führung der USA und den kommunistischen Staaten unter Führung der damaligen UdSSR.

PROTOTYP

Frühes Versuchsmodell zur Erprobung eines Fahrzeugs, das später in Serie gebaut werden soll.

QUERRUDER

Bewegliche Klappen an den Hinterseiten der Tragflächen. Sie lassen das Flugzeug um die Längsachse „rollen".

RADAR

Technisches Verfahren, um Gegenstände außerhalb der Sichtweite mithilfe von Radiowellen zu orten.

REICHWEITE

Größte Entfernung, die ein Luftfahrzeug ohne Unterbrechung zum Nachtanken zurücklegen kann.

RUMPF

Größtes Bauteil eines Flugzeugs. In ihm finden Besatzung, Passagiere und Ladung Platz.

SCHUBHEBEL

Hebel, mit dem bei einem Flugzeug die Treibstoffzufuhr geregelt wird. Mehr Treibstoff bedeutet mehr Schub (siehe Seite 15) und damit mehr Geschwindigkeit. Der Schubhebel ist mit dem Gaspedal eines Autos vergleichbar.

SCHULTERDECKER

Flugzeug mit Tragflächen, die bündig mit der Oberkante des Rumpfes angeordnet sind.

SEITENRUDER

Bewegliche Klappe am Heck des Flugzeugs, das zum Ändern der Richtung auf der waagerechten Ebene dient.

TARNNETZ

Große Netze, die es durch bestimmte Farben oder Muster erschweren, einen darunter versteckten Gegenstand zu erkennen.

ÜBERSCHALLFLUGZEUG

Flugzeug, das schneller als der Schall (1225 km/h) fliegen kann.

UNIVERSALGELEHRTE/R

Eine Person, die Kenntnisse auf vielen Wissensgebieten hat.

UNTERSEEBOOT

Boot, das so gebaut ist, dass es unter Wasser fahren kann.

VERKEHRSFLUGZEUG

Flugzeug, das Passagiere gegen Bezahlung transportiert.

ZIVIL

Nicht zum Militär gehörend oder militärischen Zwecken dienend.

STICHWORTVERZEICHNIS